Impressum
Verlag: BABADADA GmbH, Nedderfeld 112 , 22529 Hamburg
Geschäftsführer / Verlagsleitung: Harald Hof
Druck: Books on Demand GmbH, In de Tarpen 42, 22848 Norderstedt

Imprint
Publisher: BABADADA GmbH, Nedderfeld 112 , 22529 Hamburg, Germany
Managing Director / Publishing direction: Harald Hof
Print: Books on Demand GmbH, In de Tarpen 42, 22848 Norderstedt, Germany

القسم
sală de clasă

يقسم
a împărți

186/2

باحة المدرسة
curte a școlii

اللوح
tablă

المعلم
profesor

ورقة
hârtie

يكتب
a scrie

القلم
instrument de scris

طاولة المكتب
masă de birou

المسطرة
riglă

الكتاب
carte

التلميذ
elev

الحقيبة المدرسية
ghiozdan

المقلمة
penar

قلم الرصاص
creion

البرّاية
ascuțitoare

الممحاة
radieră

دفتر الرسم
bloc de desen

الرسمة

desen

الفرشاة

pensulă

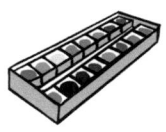

علبة التلوين

cutie de acuarele

المقص

foarfece

المادة اللاصقة

lipici

دفتر التمارين

caiet de exerciții

الواجب المدرسي

temă

الرقم

număr

يجمع

a aduna

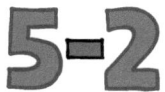

يطرح

a scădea

يضرب

a multiplica

يحسب

a calcula

الحرف

literă

ABCDEFG
HIJKLMN
OPQRSTU
VWXYZ

الأبجدية

alfabet

كلمة

cuvânt

النص

text

يقرأ

a citi

الطبشور

cretă

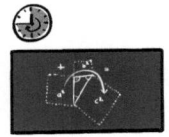

الحصة

oră

دفتر الدوام المدرسي

catalog

الامتحان

examen

شهادة

certificat

اللباس المدرسي

uniformă școlară

التعليم

educație

الموسوعة

enciclopedie

الجامعة

universitate

المجهر

microscop

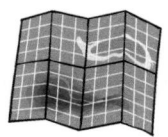

الخريطة

hartă

قماما

coș de gunoi

سفر
călătorie

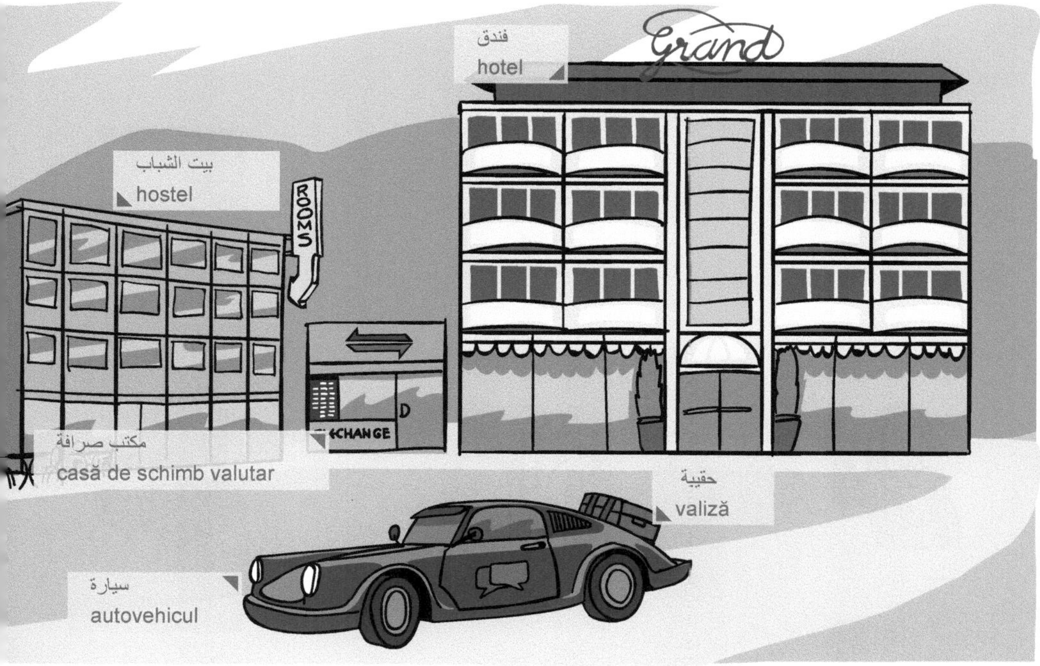
فندق
hotel
Grand
بيت الشباب
hostel
ROOMS
مكتب صرافة
casă de schimb valutar
حقيبة
valiză
سيارة
autovehicul

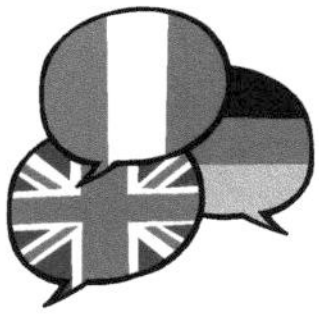

اللغة

limbă

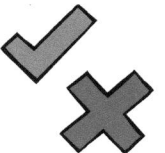

نعم / لا

da/nu

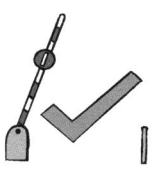

حسناً

okay

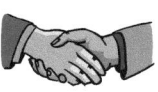

مرحباً

Bună!

مترجم

interpret

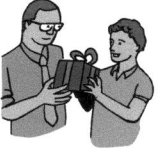

شكراً

mulțumesc

كم ثمن ... ؟

Cât costă…?

لا أفهم

Nu înțeleg

مشكلة

problemă

مساء الخير

Bună seara!

صباح الخير!

Bună dimineața!

ليلة سعيدة

Noapte bună!

إلى اللقاء

la revedere

اتجاه

direcție

أمتعة السفر

bagaj

حقيبة

geantă

حقيبة ظهر

rucsac

ضيف

oaspete

غرفة

cameră

كيس للنوم

sac de dormit

خيمة

cort

استعلامات سياحية

nct de informare turistică

شاطئ

plajă

بطاقة ائتمان

carte de credit

إفطار

mic dejun

طعام الغداء

masa de prânz

العشاء

cină

بطاقة سفر

bilet de călătorie

مصعد

lift

طابع بريدي

timbru poştal

حدود

graniţă

الجمارك

vamă

سفارة

ambasadă

تأشيرة

viză

جواز سفر

paşaport

transport

طائرة
avion

سفينة
vas

سيارة إطفاء
maşină de pompieri

سيارة شاحنة
camion

حافلة
autobuz

زورق آلي
şalupă

سيارة
autovehicul

درّاجة
bicicletă

عبّارة
feribot

قارب
barcă

دراجة نارية
motocicletă

سيارة شرطة
maşină de poliţie

سيارة سباق
maşină de curse

سيارة مستأجرة
maşină închiriată

أسلوب تشاركي في استئجار السيارة

car sharing

سيارة للجر

mașină de tractat

سيارة نقل القمامة

mașină de gunoi

محرك

motor

وقود

combustibil

محطة وقود

benzinărie

إشارة مرور

semn de circulație

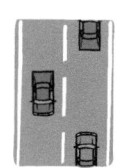

حركة السير

trafic

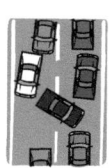

ازدحام سير

ambuteiaj

موقف سيارات

parcare

محطة قطار

gară

سكك حديدية

șine

قطار

tren

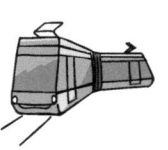

ترام

tramvai

عربة قطار

vagon

طائرة مروحية

elicopter

مطار

aeroport

برج

turn

مسافر

pasager

حاوية

container

علبة كرتون

carton

عربة يد

căruţă

سلة

coş

يقلع / يهبط

a decola/a ateriza

مدينة

oraş

قرية

sat

مركز المدينة

centru

بيت

casă

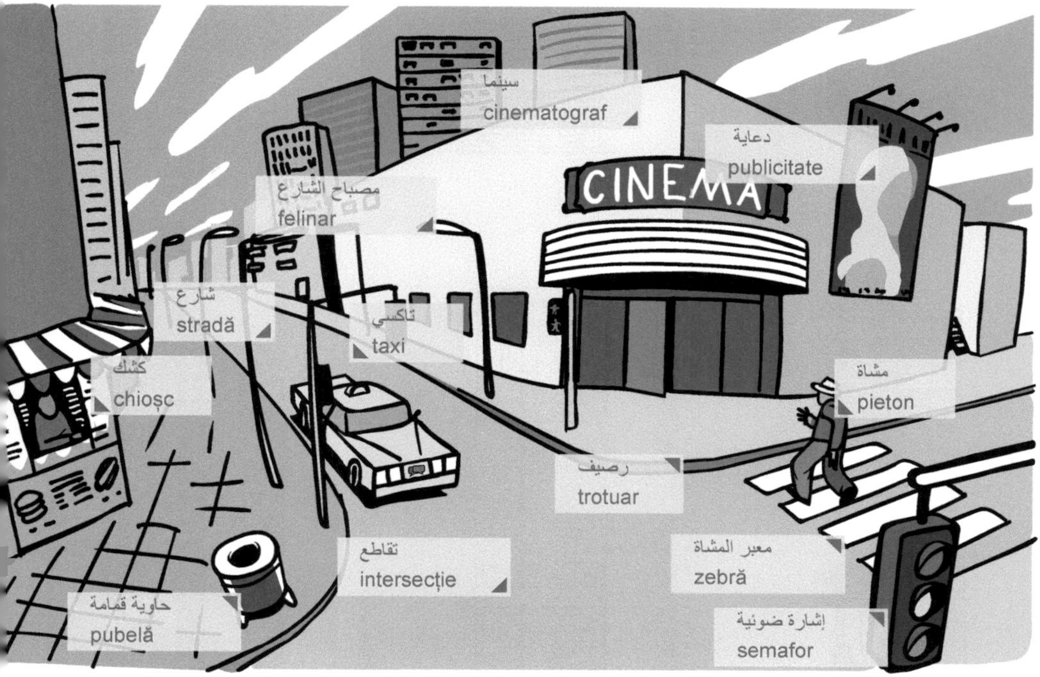

سينما
cinematograf

دعاية
publicitate

مصباح الشارع
felinar

شارع
stradă

تاكسي
taxi

كشك
chioșc

مشاة
pieton

رصيف
trotuar

تقاطع
intersecție

معبر المشاة
zebră

حاوية قمامة
pubelă

إشارة ضوئية
semafor

كوخ
....
cabană

شقة
....
apartament

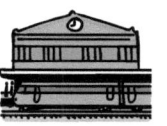

محطة قطار
....
gară

دار البلدية
....
primărie

متحف
....
muzeu

المدرسة
....
școală

الجامعة

universitate

مصرف

bancă

المستشفى

spital

فندق

hotel

صيدلية

farmacie

مكتب

birou

مكتبة

librărie

متجر

magazin

محل لبيع الزهور

florărie

سوبرماركت

supermarket

سوق

piață

متجر كبير

magazin universal

تاجر السمك

comerciant de pește

مركز تسوّق

centru comercial

ميناء

port

حديقة عامة

parc

مقعد

bancă

جسر

pod

درج، سلم

trepte

مترو

metrou

نفق

tunel

موقف حافلات

stație de autobuz

بار

bar

مطعم

restaurant

صندوق البريد

cutie poștală

لافتة باسم الشارع

tăbliță indicatoare cu numele străzii

مقياس زمن الوقوف

parcometru

حديقة حيوانات

grădină zoologică

مسبح

piscină

مسجد

moschee

مزرعة

gospodărie țărănească

تلوث البيئة

poluare

مقبرة

cimitir

كنيسة

biserică

ملعب الأطفال

loc de joacă

معبد

templu

طبيعة ريفية

peisaj

ورقة
frunză

علامة إرشاد
indicator

طريق
drum

مرج
pajiște

حجر
piatră

شجرة
copac

رحالة
drumeț

نهر
râu

عشب
iarbă

زهرة
floare

وادٍ
....
vale

جبل
....
deal

بحيرة
....
lac

غابة
....
pădure

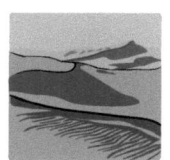

صحراء
....
deșert

بركان
....
vulcan

قلعة
....
castel

قوس قزح
....
curcubeu

فِطر
....
ciupercă

نخلة
....
palmier

بعوض
....
țânțar

ذبَانة
....
muscă

نملة
....
furnică

نحلة
....
albină

عنكبوت
....
păianjen

خنفساء

gândac

ضفدعة

broască

سنجاب

veveriță

قنفذ

arici

أرنب

iepure

بومة

bufniță

عصفور

pasăre

بجعة

lebădă

خنزير برّي

porc mistreț

غزال

cerb

إلكة

elan

سد

dig

دولاب الطاحونة الهوائية

turbină eoliană

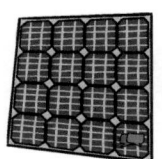

خلية شمسية

panou solar

مناخ

climă

مطعم
restaurant

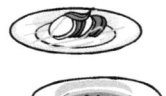

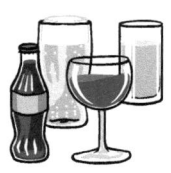

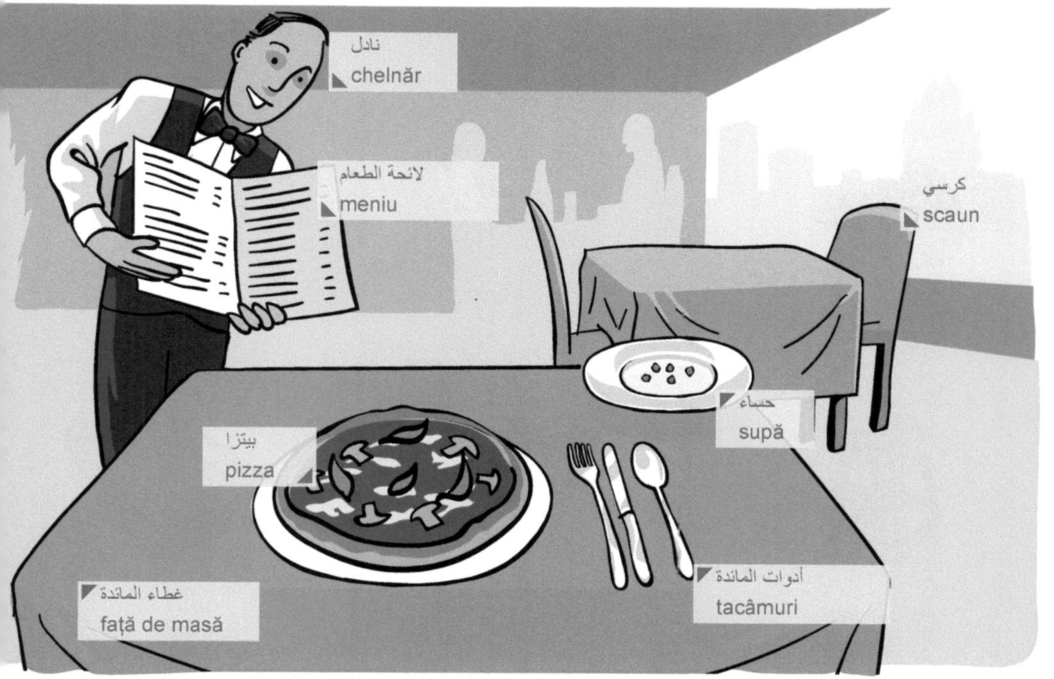

نادل
chelnăr
لائحة الطعام
meniu
كرسي
scaun
حساء
supă
بيتزا
pizza
غطاء المائدة
față de masă
أدوات المائدة
tacâmuri

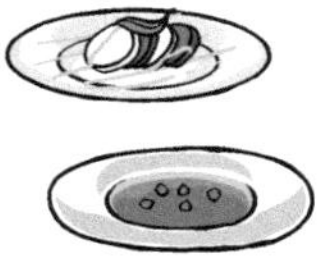

مقبلات
....
antreu

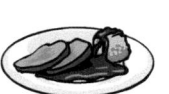

الصحن الرئيسي
....
fel principal

حلوى أو فاكهة بعد الطعام
....
desert

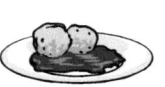

مشروبات
....
băuturi

طعام
....
mâncare

زجاجة
....
sticlă

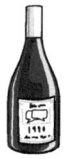

وجبات سريعة

fastfood

طعام الشارع

streetfood

إبريق الشاي

ceainic

علبة السكر

zaharniță

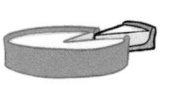

حصّة

porție

آلة الإسبريسو

espressor

كرسي عالٍ

scaun înalt (pentru copii)

فاتورة

factură

صينية

tavă

سكين

cuțit

شوكة

furculiță

ملعقة

lingură

ملعقة الشاي

linguriță

منديل المائدة

șervețel

كأس

pahar

صحن

farfurie

صحن الحساء

farfurie de supă

صحن الفنجان

farfurie

صلصة

sos

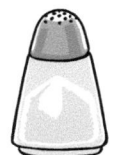

مملحة

solniță

مطحنة الفلفل

râșniță de piper

خلّ

oțet

زيت الطعام

ulei

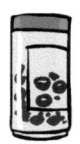

توابل

condimente

كتشاب

ketchup

خردل

muștar

مايونيز

maioneză

سوبرماركت

supermarket

عرض خاص
ofertă
FOR
زبون
client
مشتقات الحليب
produse lactate
فواكه
fructe
عربة تسوّق
cărucior de cumpărături

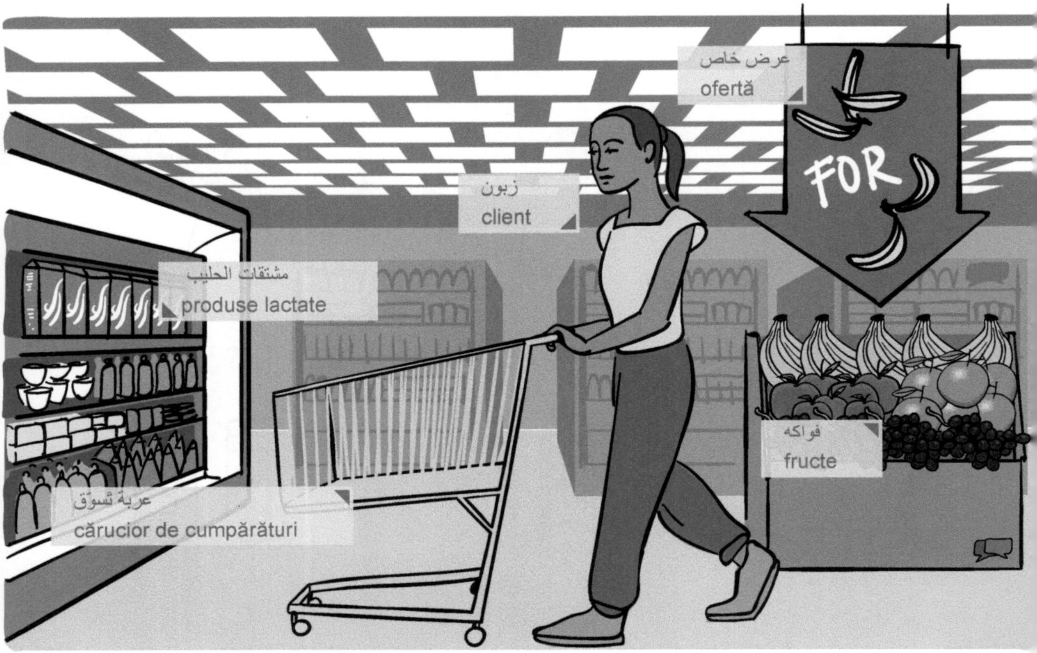

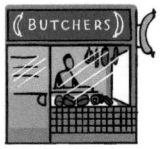

BUTCHERS

جزّار

măcelărie

BAKERY

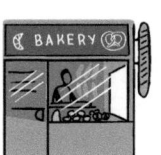

مخبز

brutărie

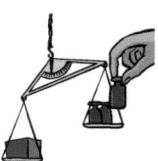

يزن

a cântări

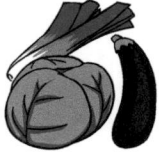

خضار

legume

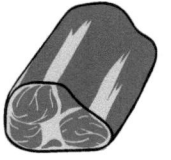

لحم

carne

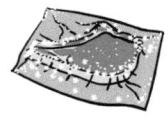

المأكولات المجمّدة

alimente refrigerate

مرتدلا أو جبن
....
zeluri și brânzeturi feliate

معلّبات
....
conserve

مسحوق الغسيل
....
detergent

حلويات
....
dulciuri

المواد المنزلية
....
articole de menaj

منظّفات
....
produse de curăţenie

بائعة
....
vânzătoare

صندوق الحساب
....
casă

أمين صندوق
....
casier

قائمة المشتريات
....
listă de cumpărături

أوقات العمل
....
orar

محفظة النقود
....
portmoneu

بطاقة ائتمان
....
carte de credit

حقيبة
....
geantă

كيس بلاستيكي
....
pungă de plastic

ماء

apă

عصير

suc

حليب

lapte

كولا

cola

نبيذ

vin

بيرة

bere

كحول

alcool

كاكاو

cacao

شاي

ceai

قهوة

cafea

قهوة إسبريسو

espresso

كابوتشينو

cappucino

mâncare

موزة

banane

تفاح

măr

برتقال

portocală

بطيخ

pepene

ليمون

lămâie

جزرة

morcov

ثوم

usturoi

خيزران

bambus

بصل

ceapă

فطر

ciupercă

لوزيات

nuci

شعيرية

paste făinoase

سباغيتي

spagheti

أرزّ

orez

سلطة

salată

بطاطا مقلية

cartofi prăjiți

بطاطا مقلية

cartofi țărănești

بيتزا

pizza

هامبورغر

hamburger

ساندويش

sandwich

شريحة لحم مقلية

șnițel

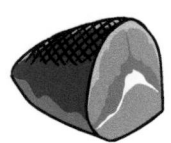

لحم خنزير

șuncă

سلامي

salam

سجق

cârnați

دجاج

pui

لحم محمر

friptură

سمك

pește

دقيق الشوفان

fulgi de ovăz

موسلي

musli

كورن فلكس

cereale

طحين

făină

كرواسان

corn

خبز صغير

chifle

خبز

pâine

خبز محمص

pâine prăjită

بسكويت

biscuiți

زبدة

unt

لبن زبادي

brânză de vaci

كعكة

prăjitură

بيضة

ou

بيض مقلي

ouă ochiuri

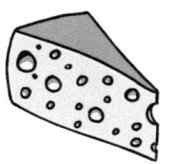

جبنة

brânză

مثلجات

înghețată

سكر

zahăr

عسل

miere

مربّى الفاكهة

marmeladă

كريم النوغا

cremă nuga

الكاري

curry

مزرعة

gospodărie țărănească

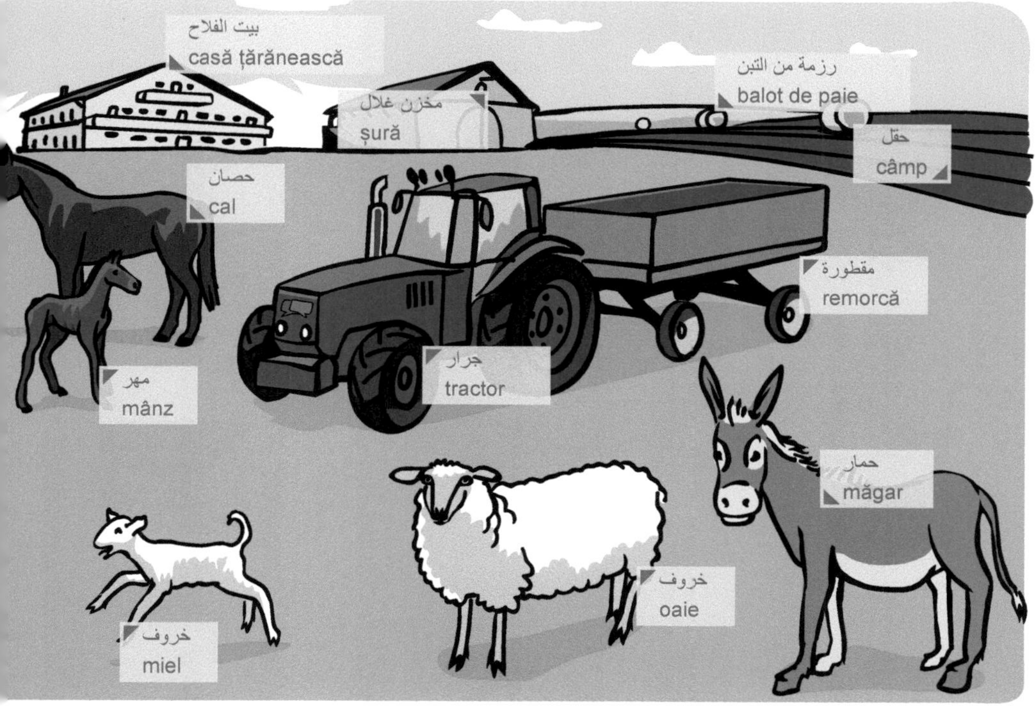

بيت الفلاح
casă țărănească
مخزن غلال
șură
رزمة من التبن
balot de paie
حقل
câmp
حصان
cal
مقطورة
remorcă
مهر
mânz
جرار
tractor
حمار
măgar
خروف
oaie
خروف
miel

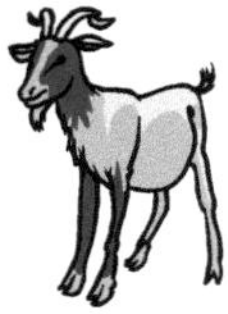

ماعز
capră

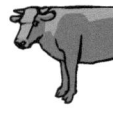

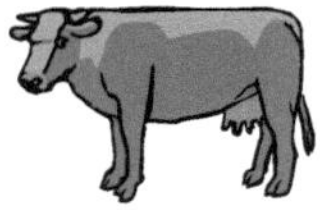

بقرة
vacă

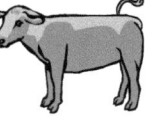

عجل
vițel

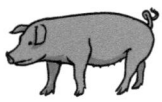

خنزير
porc

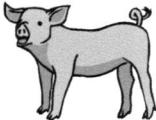

خنزير صغير
purcel

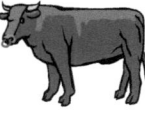

ثور
taur

إوزّة
....
găină

بطة
....
rață

صوص
....
pui

دجاجة
....
găină

ديك
....
cocoș

جرذ
....
șobolan

قطّة
....
pisică

فأر
....
șoarece

ثور
....
bou

كلب
....
câine

كوخ الكلب
....
cușcă

خرطوم الحديقة
....
furtun de grădină

إبريق
....
stropitoare

منجل
....
coasă

المحراث
....
plug

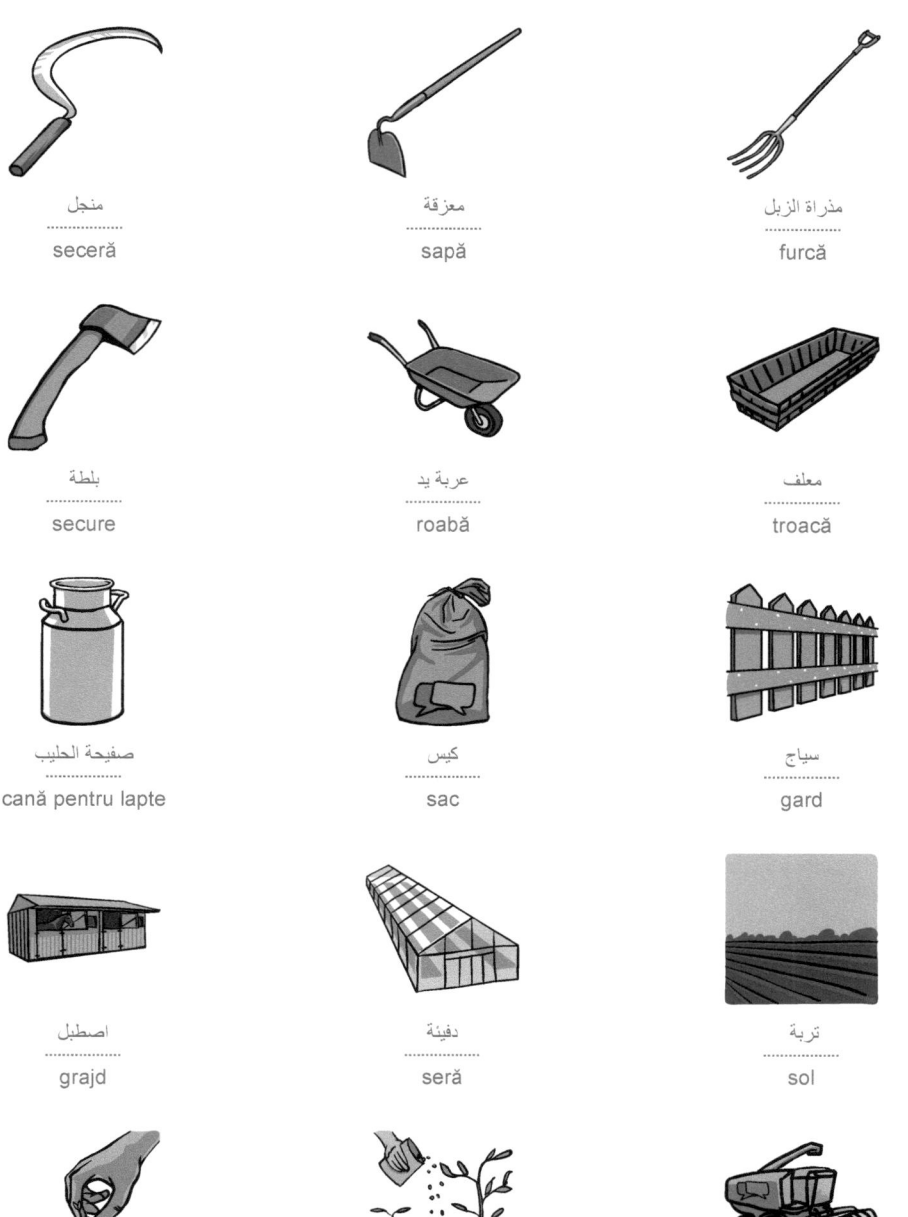

منجل
secera

معزقة
sapă

مذراة الزبل
furcă

بلطة
secure

عربة يد
roabă

معلف
troacă

صفيحة الحليب
cană pentru lapte

كيس
sac

سياج
gard

اصطبل
grajd

دفينة
seră

تَربة
sol

بذور
sămânţă

سماد
fertilizator

حصّادة درّاسة
combină de treierat

يحصد

a culege

محصول

recoltă

بطاطا يامس

cartof yam

قمح

grâu

صويا

soia

بطاطا

cartof

ذرة

porumb

سلجم

rapiță

شجرة فاكهة

pom fructifer

نبات منيهوت

manioc

الحبوب

cereale

مزرعة - gospodărie țărănească

بيت

casă

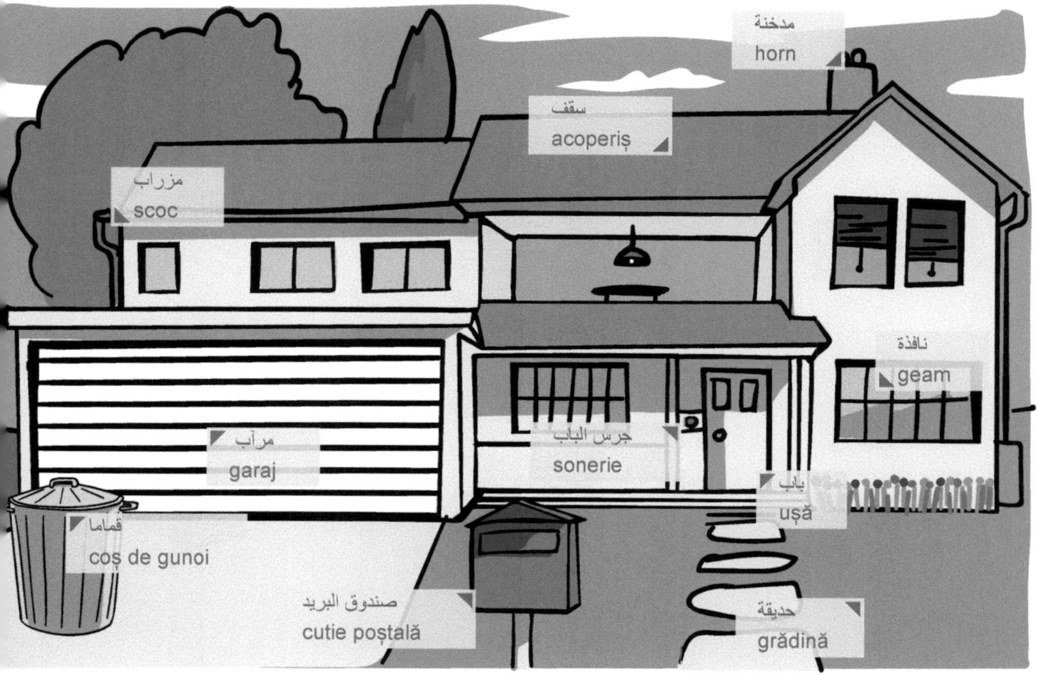
مدخنة
horn
سقف
acoperiș
مزراب
scoc
نافذة
geam
مرآب
garaj
جرس الباب
sonerie
باب
ușă
قماما
coș de gunoi
صندوق البريد
cutie poștală
حديقة
grădină

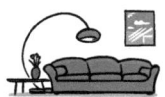

غرفة جلوس

camera de zi

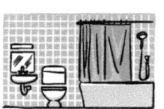

الحمّام

baie

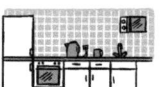

مطبخ

bucătărie

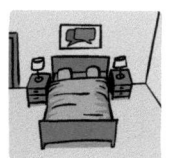

غرفة النوم

dormitor

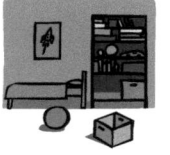

غرفة الأطفال

camera copiilor

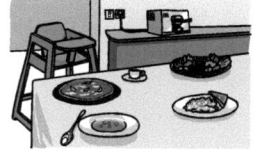

غرفة الطعام

sufragerie

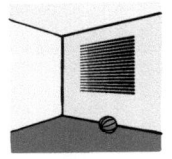

أرضية
....
podea

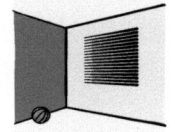

حائط
....
perete

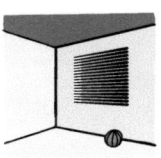

سقف
....
tavan

قبو
....
pivniţă

ساونا
....
saună

بلكون
....
balcon

شرفة
....
terasă

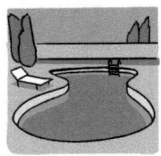

مسبح
....
piscină

جزّازة العشب
....
maşină de tuns iarba

بياضات السرير
....
cearşaf

بطانية
....
cuvertură

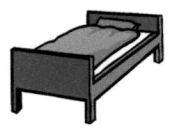

سرير
....
pat

مكنسة
....
mătură

سطل
....
găleată

مفتاح كهربائي
....
întrerupător

غرفة جلوس
cameră de zi

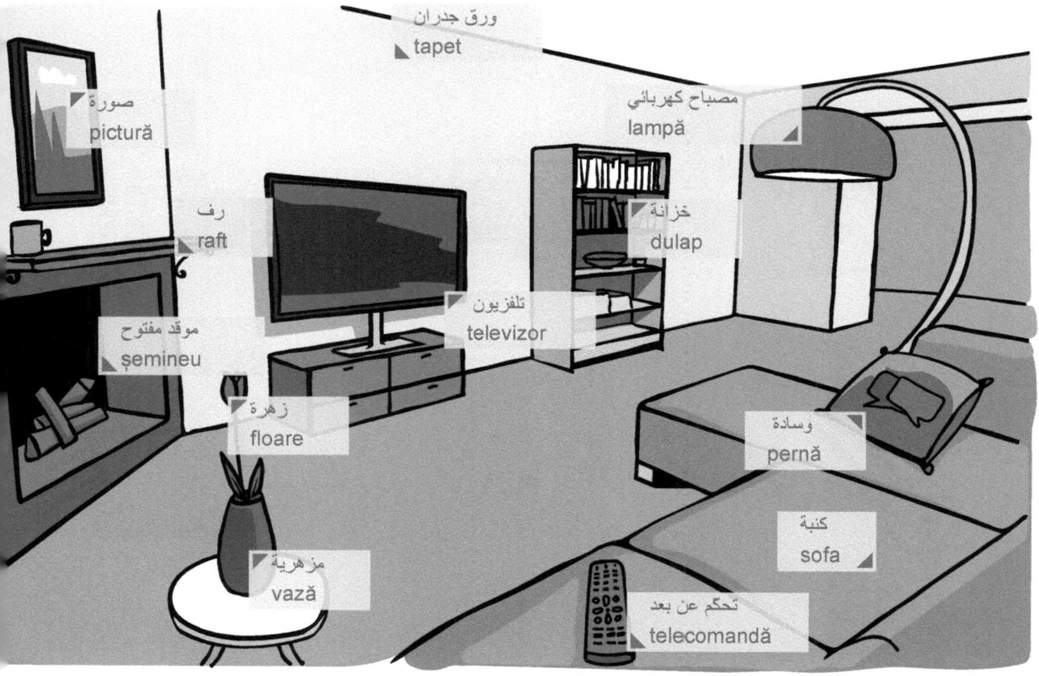

ورق جدران
tapet
صورة
pictură
مصباح كهربائي
lampă
رف
raft
خزانة
dulap
تلفزيون
televizor
موقد مفتوح
șemineu
زهرة
floare
وسادة
pernă
كنبة
sofa
مزهرية
vază
تحكم عن بعد
telecomandă

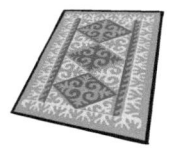

بصاط
covor

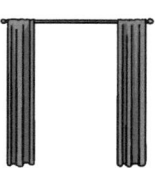

ستارة
perdea

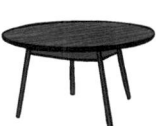

طاولة
masă

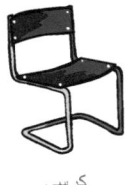

كرسي
scaun

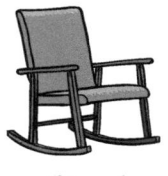

كرسي هزّاز
balansoar

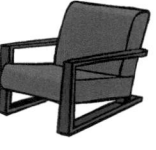

كرسي ذو ذراعين
fotoliu

الكتاب

carte

بطانية

pătură

زخرفة

decoraţiune

الحطب

lemn de foc

فيلم

film

تجهيزات ستيريو

instalaţie stereo

مفتاح

cheie

جريدة

ziar

لوحة مرسومة

desen

مُلصق

poster

راديو

radio

دفتر ملاحظات

caiet de notiţe

المكنسة الكهربائية

aspirator

صبّار

cactus

شمعة

lumânare

مطبخ
bucătărie

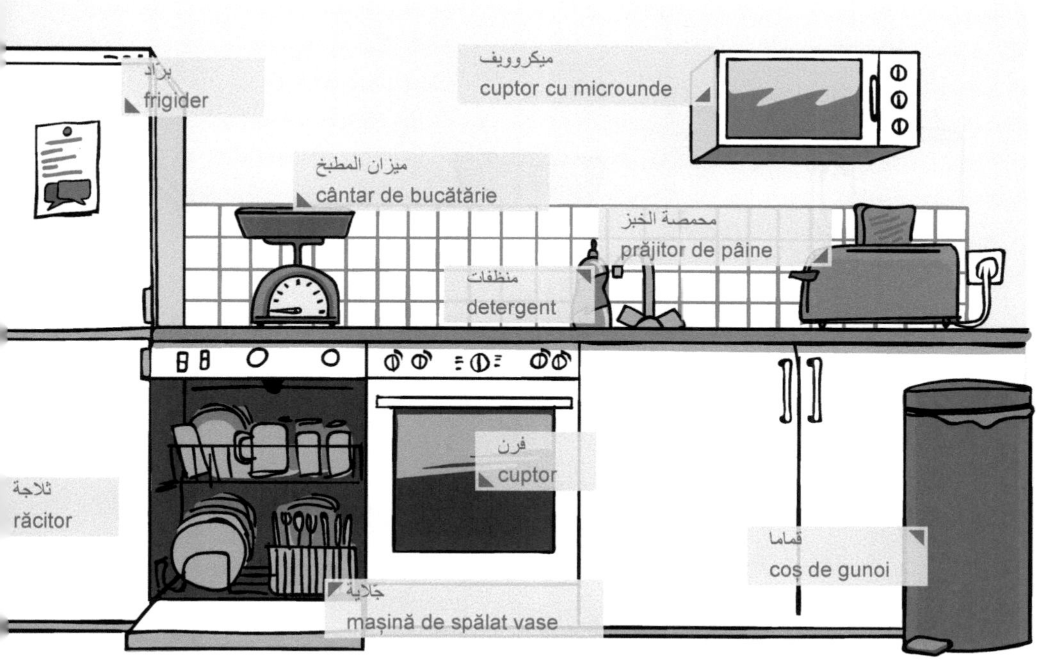

برّاد
frigider
ميكروويف
cuptor cu microunde
ميزان المطبخ
cântar de bucătărie
محمصة الخبز
prăjitor de pâine
منظفات
detergent
فرن
cuptor
ثلاجة
răcitor
قماما
coș de gunoi
جَلاية
mașină de spălat vase

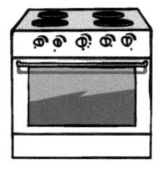

موقد

cuptor

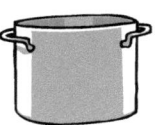

قِدر

oală

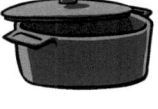

وعاء من الحديد

oală de metal

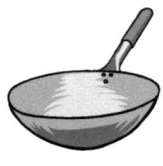

قدر صيني

wok/kadai

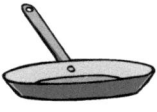

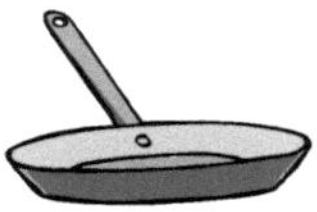

مقلاة

tigaie

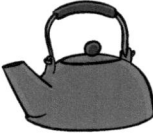

غلاية

ceainic

قدر البخار

oală de gătit cu aburi

صينية

tavă de copt

أواني

veselă

فنجان

pahar

صحن

bol

عيدان الأكل

bețișoare

مغرفة

polonic

ملعقة منبسطة

spatulă

خفاقة

tel

مصفاة

sită

مصفاة

sită

مبشرة

răzătoare

هاون

mojar

شواء

grătar

موقد

loc pentru grătar

لوح التقطيع

tocător

نشّابة

sucitor

مفتاح الزجاجات

tirbușon

علبة

conservă

مفتاح العلب المعدنية

deschizător de conserve

قماش الفرن

șervete termice

مجلى

chiuvetă

فرشاة

perie

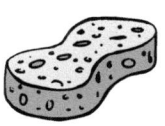

إسفنج

burete

خلاط

mixer

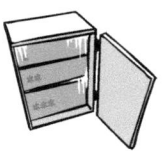

مجمّدة

ladă frigorifică

زجاجة الطفل

biberon

صنبور الماء

robinet

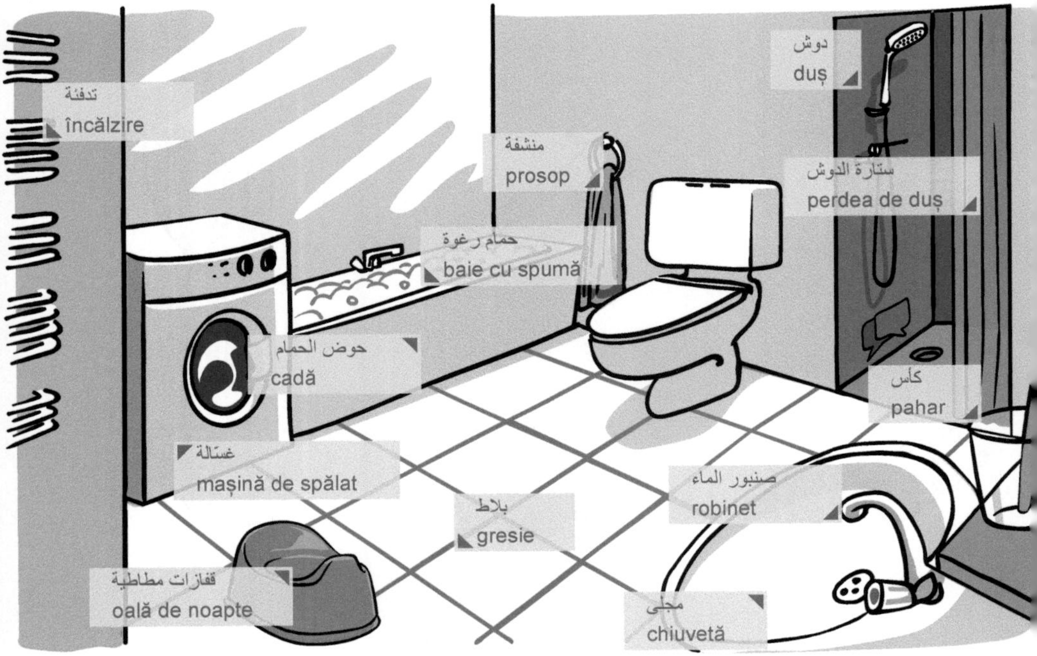

تدفئة
încălzire

دوش
duș

منشفة
prosop

ستارة الدوش
perdea de duș

حمّام رغوة
baie cu spumă

حوض الحمّام
cadă

كأس
pahar

غسّالة
mașină de spălat

صنبور الماء
robinet

بلاط
gresie

قفازات مطاطية
oală de noapte

مجلى
chiuvetă

حمّام
....
toaletă

مرحاض القرفصاء
....
toaletă turcească

حوض التشطيف
....
bideu

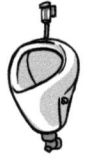

مبولة
....
pisoir

ورق المرحاض
....
hârtie igienică

فرشاة الحمّام
....
perie de toaletă

فرشاة الأسنان

periuță de dinți

معجون الأسنان

pastă de dinți

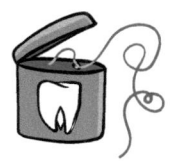

خيط حرير لتنظيف الأسنان

ață dentară

يغسل

a spăla

رشاش ماء يدوي

cap de duș

شطاف

duș intim

حوض الغسيل

lavoar

فرشاة الظهر

perie pentru spate

صابون

săpun

جيل الدوش

gel de duș

شامبو

șampon

ممسحة

cârpă de spălat

مصرف للماء

scurgere

مرهم

cremă

مزيل الروائح

deodorant

مرآة

oglindă

مرآة يد

oglindă cosmetică

موس حلاقة

aparat de ras

رغوة الحلاقة

spumă de ras

كولونيا

aftershave

مشط

pieptene

فرشاة

perie

سشوار

uscător de păr

مثبت للشعر

fixator

ماكياج

machiaj

روج

ruj

طلاء أظافر

lac de unghii

قطن

vată

مقص أظافر

foarfece de unghii

عطر

parfum

الحمّام - baie

سلّة الغسيل

neseser

مقعد صغير

taburet

ميزان

cântar

معطف الحمام

halat de baie

قفازات مطاطية

mănuși de cauciuc

سدادة قطنية

tampon

منشفة صحية

tampon

تواليت كيميائية

toaletă chimică

غرفة الأطفال
camera copiilor

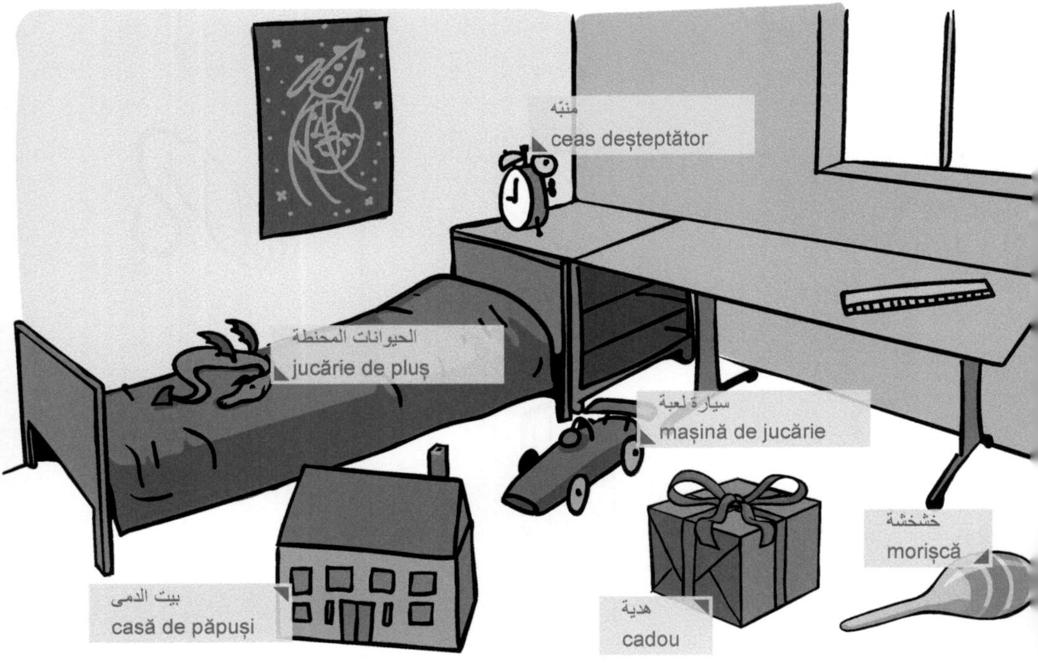
منبّه
ceas deșteptător
الحيوانات المحنطة
jucărie de pluș
سيارة لعبة
mașină de jucărie
خشخشة
morișcă
بيت الدمى
casă de păpuși
هدية
cadou

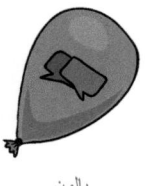

بالون

balon

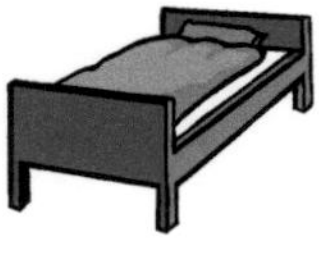

سرير

pat

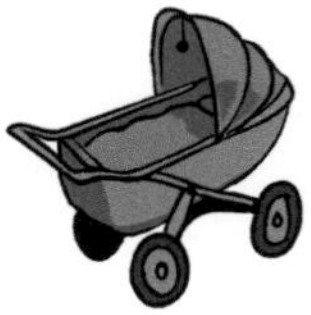

عربة الأطفال

cărucior de copii

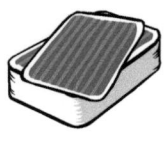

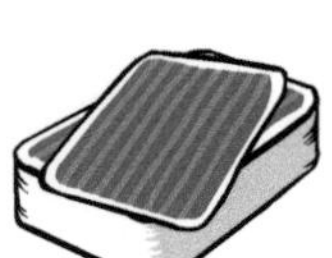

لعبة الورق

joc de cărți

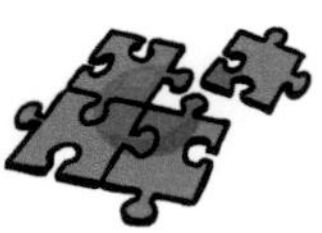

أحجية

puzzle

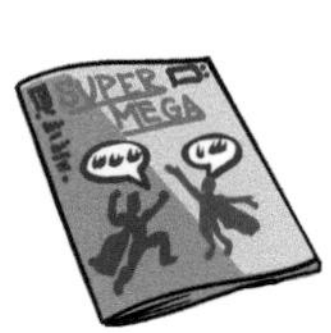
SUPER MEGA

رسوم هزلية

revistă de benzi desenate

أحجار الليغو
....
cuburi lego

حجارة تركيب
....
piese pentru construcţii

دمية بطل
....
personaj din filmele de
acţiune

لباس الطفل
....
body

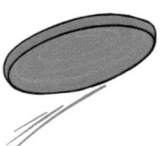

فريسبي
....
frisbee

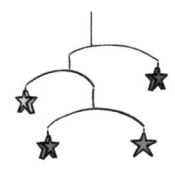

دمية معلّقة
....
mobil

لعبة الطاولة
....
joc de societate

لعبة النرد
....
zar

لعبة قطار
....
set trenuleţ de jucărie

مصّاصة
....
suzetă

حفلة
....
petrecere

كتاب مصوّر
....
carte cu poze

كرة
....
minge

دمية
....
păpuşă

يلعب
....
a se juca

ملعب رملي للأطفال

groapă de nisip

أرجوحة

leagăn

لعبة

jucării

ألعاب فيديو

consolă video

دراجة ثلاثية

tricicletă

دمية على شكل الدب

ursuleț

خزانة الثياب

dulap

جوارب قصيرة

şosete

جوارب طويلة

ciorapi

جورب بنطلون

dres

شال
şal

حزام
curea

شمسية
umbrelă

تي شيرت
tricou

حذاء شتوي
cizme

شبشب
papuci

أحذية رياضية
pantofi sport

صندل
sandale

حذاء
încălțăminte

جزمة كاوتشوك
cizme de cauciuc

سروال داخلي
chilot

صدارة
sutien

قميص داخلي
maiou

لباس ملاصق للجسم

body

بنطلون

pantaloni

جينز

blugi

تنورة

fustă

بلوزة

bluză

قميص

cămașă

سترة قطنية

pulover

كنزة كم طويل

jerseu

سترة فضفاضة

sacou

سترة

jachetă

معطف

palton

معطف مطري

pelerină de ploaie

زي - طقم نسائي

costum

ثوب

rochie

ثوب الزفاف

rochie de mireasă

طَقَّم

costum

قميص نوم

cămașă de noapte

بيجاما

pijama

ساري

sari

حجاب

batic

عمامة

turban

برقع

burka

قفطان

caftan

عباءة

abaya

مايوه

costum de baie

سروال سباحة

șort

شرت

pantaloni scurți

بدلة رياضية

trening

مئزر

șorț

قفازات

mănuși

زر

nasture

نظّارة

ochelari

إسوارة

brăţară

عِقد

lanţ

خاتم

inel

قرط

cercel

طاقيّة

căciulă

علاقة ثياب

umeraş

قبّعة

pălărie

ربطة العنق

cravată

سحّاب

fermoar

خوذة

cască

حمّالة البنطلون

bretele

اللباس المدرسي

uniformă şcolară

زي موحّد

uniformă

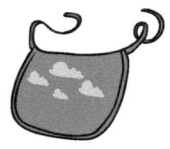

مريلة الأطفال

bavețică

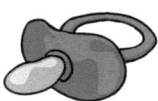

مصّاصة

suzetă

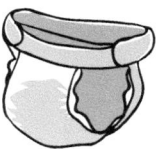

لفافة

scutec

مكتب

birou

المخدّم
server
خزانة الملفات
dulap de acte
طابعة
imprimantă
ورقة
hârtie
شاشة
monitor
طاولة المكتب
masă de birou
فارة
mouse
ملف
fișier
لوحة المفاتيح
tastatură
قماما
coș de gunoi
حاسوب
computer
كرسي
scaun

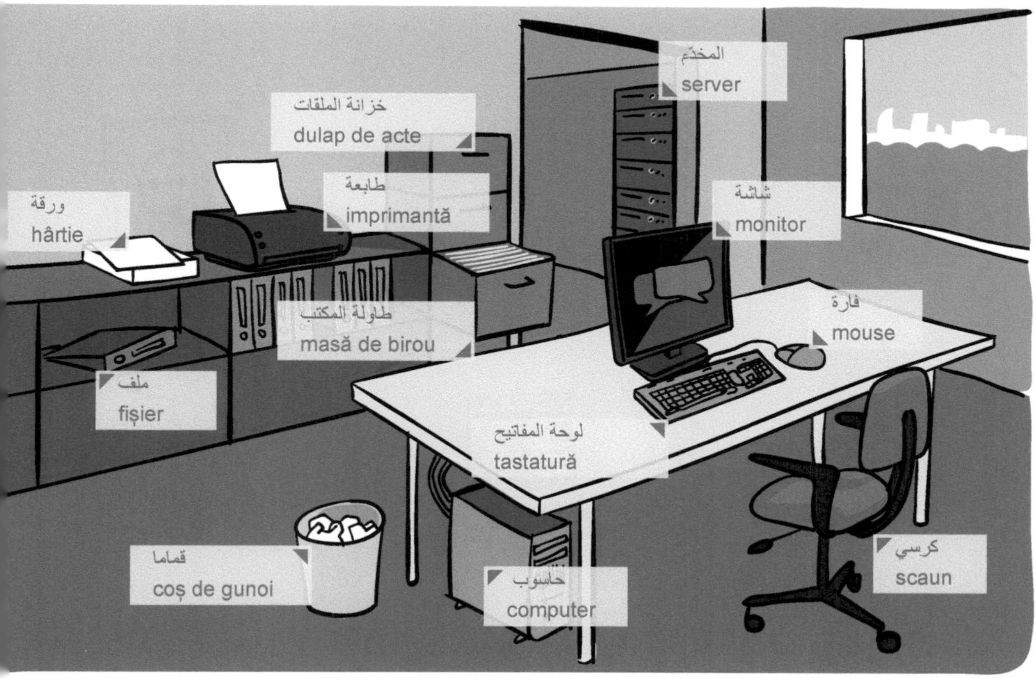

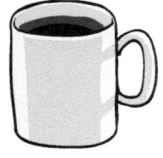

كأس من القهوة

ceașcă de cafea

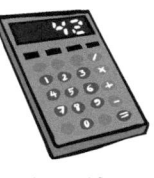

الآلة الحاسبة

calculator

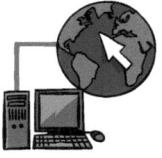

الإنترنت

internet

الحاسوب المحمول

laptop

رسالة

scrisoare

خبر

mesaj

الهاتف المحمول

telefon mobil

شبكة

rețea

جهاز تصوير

copiator

البرمجيات

software

هاتف

telefon

مقبس كهربائي

priză

فاكس

fax

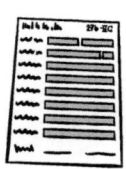

استمارة

formular

وثيقة

document

يشتري

a cumpăra

يدفع

a plăti

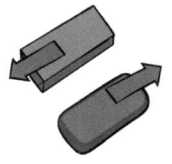

يتاجر

a face comerţ

مال

bani

دولار

Dolar

يورو

Euro

ين

Yen

روبل

Rublă

فرنك سويسري

Franc Elveţian

يوان

renminbi yuan

روبية

Rupie

صرّاف آلي

bancomat

مكتب صرافة

casă de schimb valutar

ذهب

aur

فضة

argint

نفط

petrol

طاقة

energie

سعر

preț

عقد

contract

ضريبة

impozit

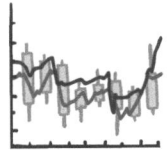

سهم

acțiune

يعمل

a munci

موظف

angajat

رب العمل

angajator

مصنع

fabrică

متجر

magazin

المِهَن

ocupații

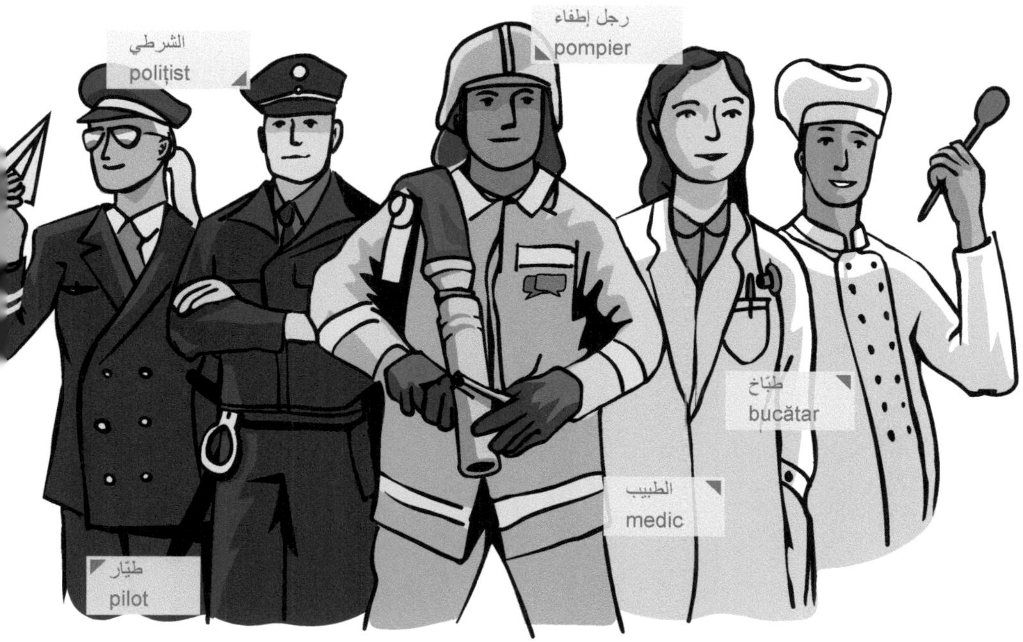
الشرطي
polițist
رجل إطفاء
pompier
طبّاخ
bucătar
الطبيب
medic
طيّار
pilot

بستاني

grădinar

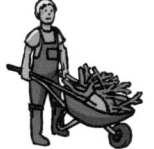

نجّار

tâmplar

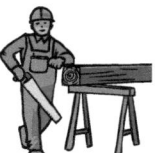

خيّاطة

cusătoreasă

قاضٍ

judecător

كيميائي

chimist

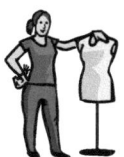

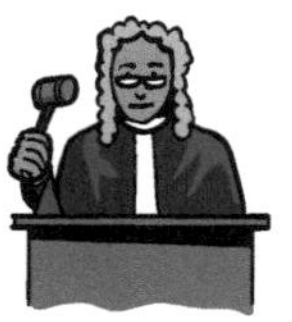

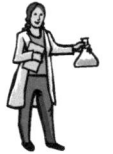

ممثّل

actor

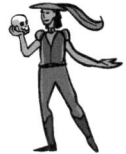

سائق حافلة

șofer de autobuz

سائق تاكسي

șofer de taxi

صياد سمك

pescar

أجيرة للتنظيف

femeie de serviciu

بنّاء سقف

tinichigiu

نادل

chelnăr

صيّاد

vânător

رسّام

pictor

خبّاز

brutar

كهربائي

electrician

عامل بناء

muncitor în construcții

مهندس

inginer

لحّام

măcelar

سمكري

instalator

ساعي البريد

poștaș

جندي

soldat

مهندس معماري

arhitect

أمين صندوق

casier

بائع الزهور

florar

حلاق

frizer

مراقب القطار

controlor

ميكانيكي

mecanic

قبطان

căpitan

طبيب أسنان

stomatolog

رجل العلم

om de știință

حاخام

rabin

إمام

imam

راهب

călugăr

كاهن

preot

عدة عمل

instrumente

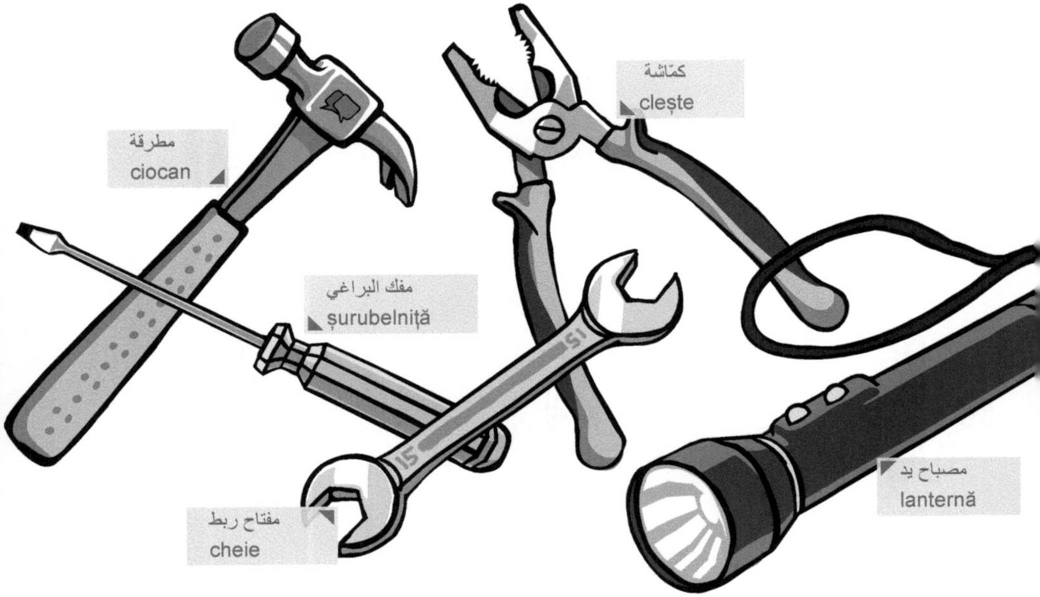
مطرقة
ciocan
كماشة
cleşte
مفك البراغي
şurubelniţă
مصباح يد
lanternă
مفتاح ربط
cheie

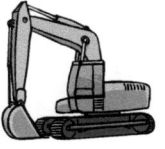

جرافة

excavator

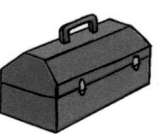

صندوق العدة

cutie de scule

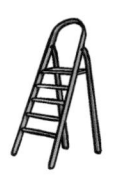

سلّم

scară

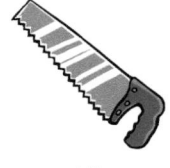

منشار

ferăstrău

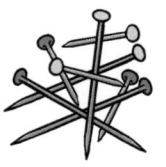

مسامير

cuie

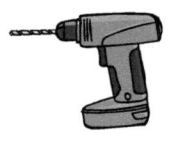

مثقب

burghiu

يصلح

a repara

مجرفة

lopată

اللعنة

La naiba!

لقاطة الكناسة

făraş

سطل الألوان

vas pentru vopsea

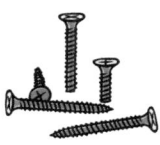

براغي

şuruburi

آلات موسيقية

instrumente muzicale

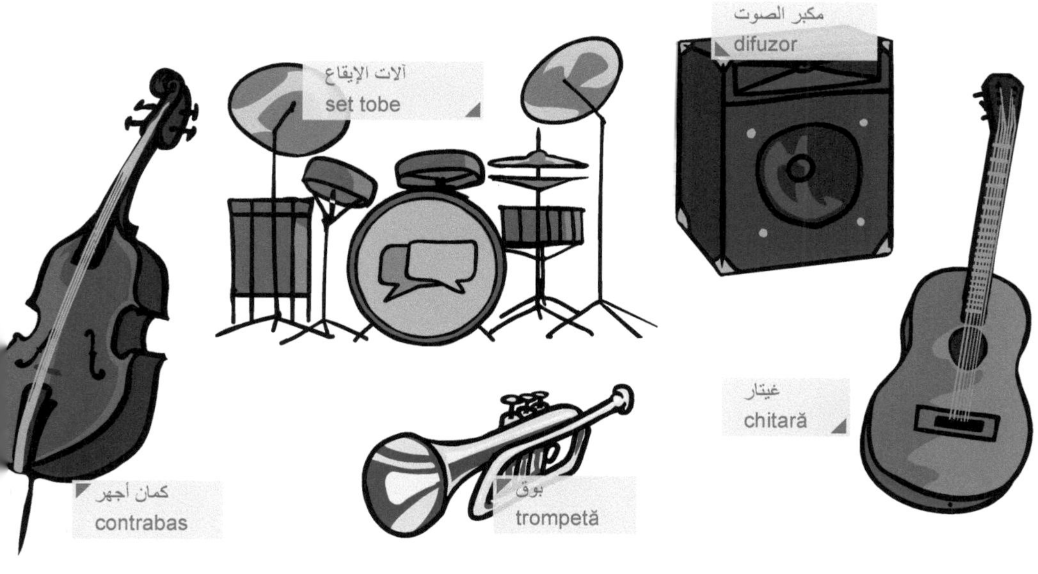

آلات الإيقاع
set tobe

مكبر الصوت
difuzor

غيتار
chitară

كمان أجهر
contrabas

بوق
trompetă

بيانو

pian

كمنجة

vioară

جهير

bas

طبل كبير

trombon

طبل

tobă

بيانو كهربائي

keyboard

ساكسوفون

saxofon

ناي

fluier

ميكروفون

microfon

آلات موسيقية - instrumente muzicale

نمر
tigru

مدخل
intrare

قفص
cușcă

حمار الوحش
zebră

علف للحيوانات
mâncare pentru animale

دب باندا
panda

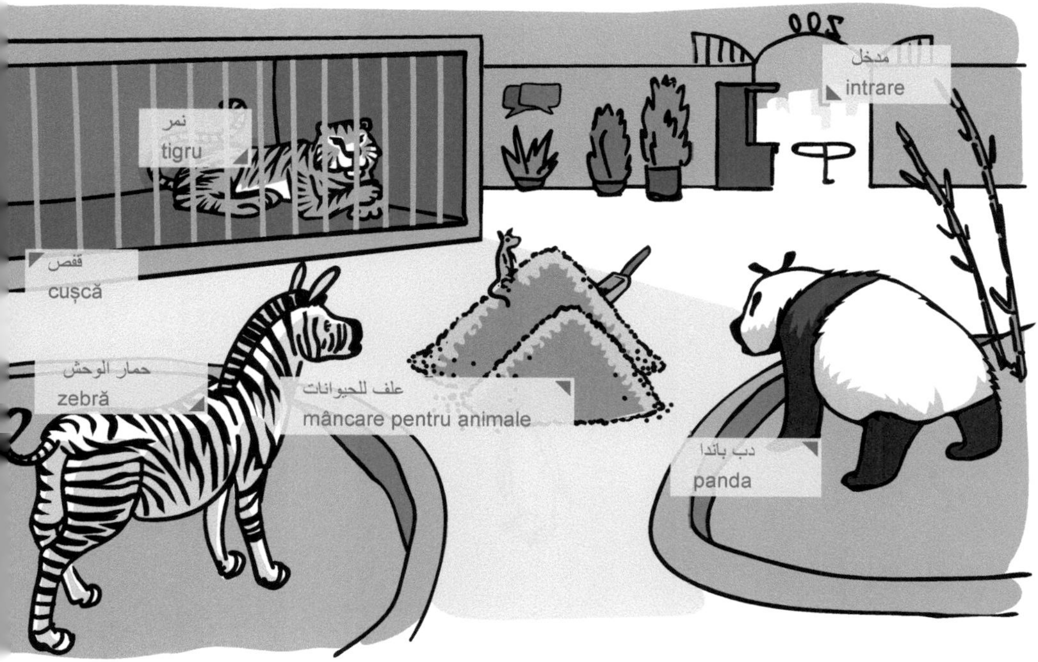

حيوانات
animale

فيل
elefant

كنغر
cangur

وحيد القرن
rinocer

غوريلا
gorilă

دب
urs

جمل

cămilă

نعامة

struț

أسد

leu

قرد

maimuță

طائر فلامينغو

flamingo

ببغاء

papagal

دب قطبي

urs polar

بطريق

pinguin

سمك القرش

rechin

طاووس

păun

أفعى

șarpe

تمساح

crocodil

حارس في حديقة الحيوان

îngrijitor grădina zoologică

عجل البحر

focă

نمر أمريكي مرقط

jaguar

حديقة حيوانات - **grădină zoologică**

فَرَس قَزم
ponei

نمر
leopard

فرس النهر
hipopotam

زرافة
girafă

نسر
acvilă

خنزير برّي
porc mistreț

سمك
pește

سلحفاة
broască țestoasă

حيوان فظ البحري
morsă

ثَعلب
vulpe

غزال
gazelă

كرة القدم الأمريكية
fotbal american

ركوب الدراجات
ciclism

كرة التنس
tenis

كرة السلة
basketball

السباحة
înot

الملاكمة
box

هوكي الجليد
hockey pe gheață

كرة القدم
fotbal

الريشة الطائرة
badminton

ألعاب القوى الخفيفة
atletism

كرة اليد
handbal

التزلج على الثلج
schi

بولو
polo

نشاطات

activități

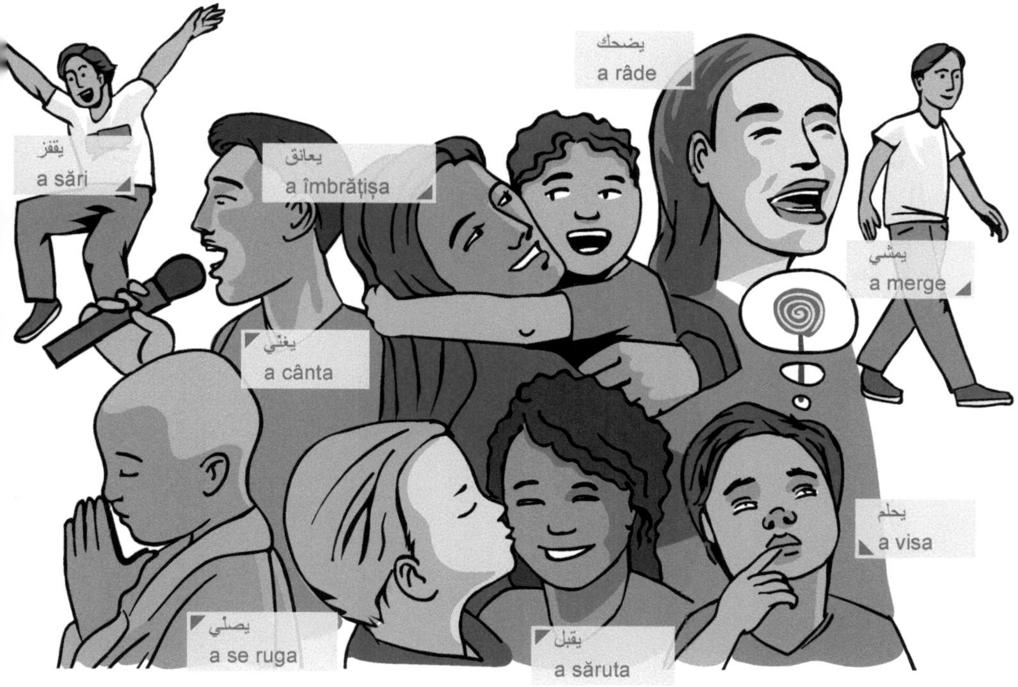

يضحك
a râde
يقفز
a sări
يعانق
a îmbrățișa
يمشي
a merge
يغني
a cânta
يحلم
a visa
يصلي
a se ruga
يقبل
a săruta

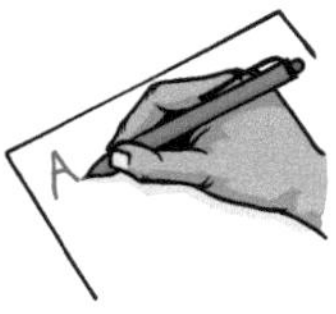

يكتب

a scrie

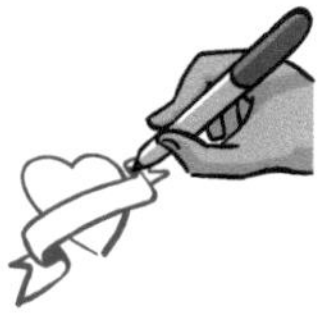

يرسم

a desena

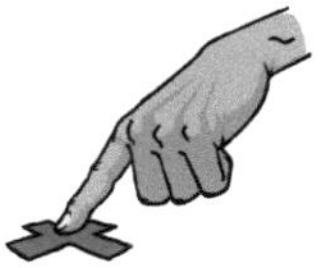

يُري

a arăta

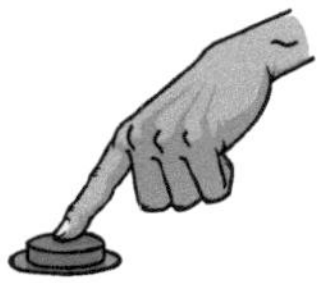

يدفع

a împinge

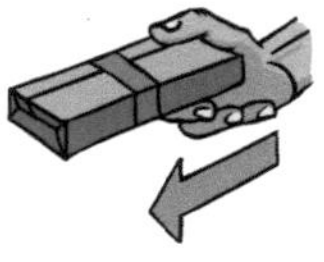

يعطي

a da

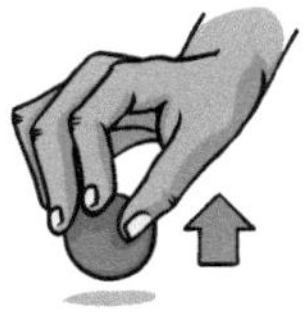

يأخذ

a lua

يملك

a avea

يعمل

a face

يوجد

a fi

يقّف

a sta în picioare

يركض

a fugi

يسحب

a trage

يرمي

a arunca

يقع

a cădea

يستلقي

a sta întins

ينتظر

a aștepta

يحمل

a purta

يجلس

a ședea

يلبس

a se îmbrăca

ينام

a dormi

يستيقظ

a se trezi

ينظر إلى ..

a privi

يبكي

a plânge

يمسّد

a mângâia

يمشّط

a se pieptăna

يتكلم

a vorbi

يفهم

a înțelege

يسأل

a întreba

يسمع

a asculta

يشرب

a bea

يأكل

a mânca

يرتّب

a face ordine

يحب

a iubi

يطبخ

a găti

يقود

a conduce

يطير

a zbura

يبحر بزورق شراعي

a naviga

يحسب

a calcula

يقرأ

a citi

يتعلم

a învăța

يعمل

a munci

يتزوج

a se căsători

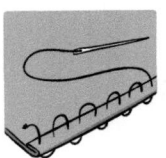

يخيط

a coase

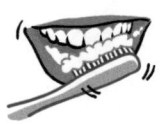

ينظف أسنانه

a se spăla pe dinți

يقتل

a ucide

يدخّن

a fuma

يرسل

a trimite

عائلة

familie

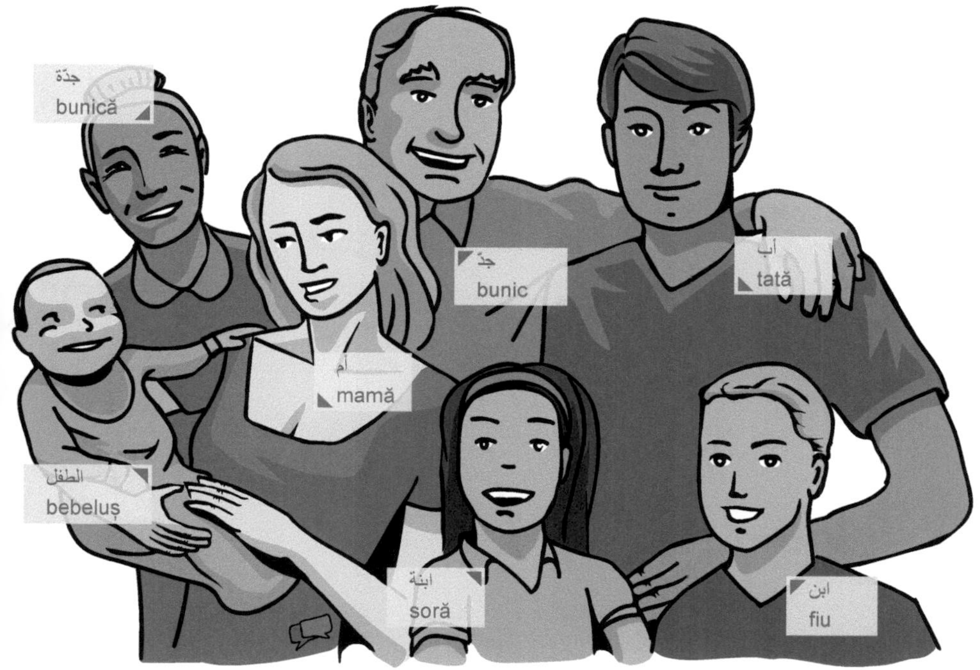

جدّة
bunică
جدّ
bunic
أب
tată
أم
mamă
الطفل
bebeluș
ابنة
soră
ابن
fiu

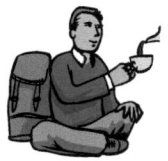

ضيف

oaspete

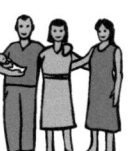

عمّة / خالة

mătușă

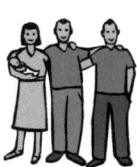

عمّ / خال

unchi

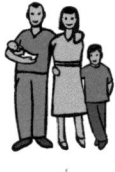

أخ

frate

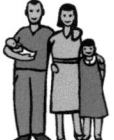

أخت

soră

الجسم

corp

الجبين
frunte
العين
ochi
الكتف
umăr
الإصبع
deget
الوجه
fața
الذقن
bărbie
اليد
mână
الساق
picior
الصدر
piept
الذراع
braț

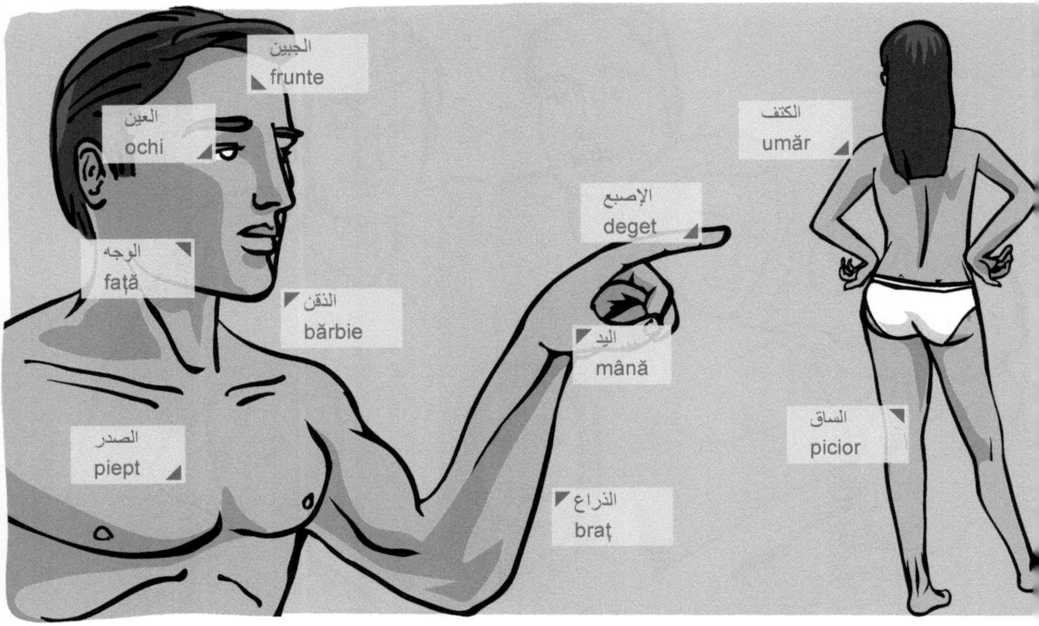

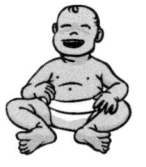

الطفل

bebeluș

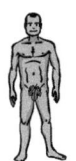

الرجل

bărbat

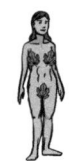

المرأة

femeie

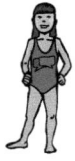

البنت

fată

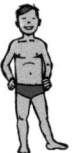

الولد

băiat

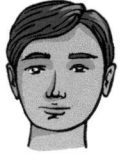

الرأس

cap

الظهر

spate

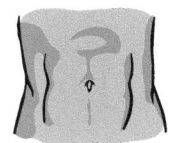

البطن

abdomen

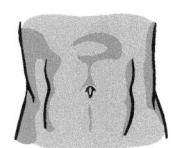

السرّة

ombilic

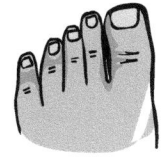

إصبع القدم

deget de la picior

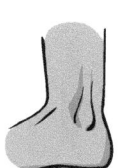

الكعب

călcâi

العظم

os

الورك

șold

الركبة

genunchi

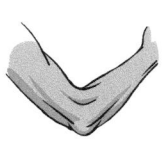

المرفق

cot

الأنف

nas

العَجُز

fund

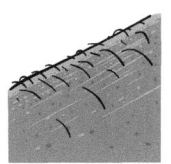

البَشرة

piele

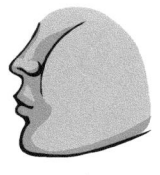

الخد

obraz

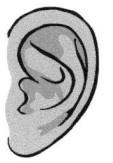

الأذن

ureche

الشفة

buză

الفم
....
gură

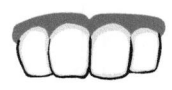

السن
....
dinte

اللسان
....
limbă

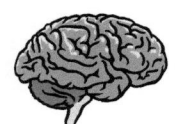

الدماغ
....
creier

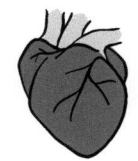

القلب
....
inimă

العضلة
....
mușchi

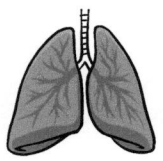

الرئة
....
plămân

الكبد
....
ficat

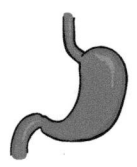

المعدة
....
stomac

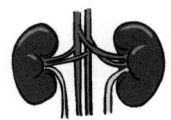

الكِلى
....
rinichi

الاتصال الجنسي
....
sex

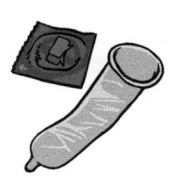

الواقي المطاطي
....
prezervativ

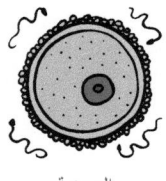

البويضة
....
ovul

المنيّ
....
spermă

الحمل
....
sarcină

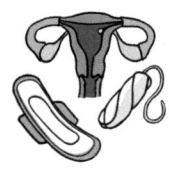

الحيض

menstruație

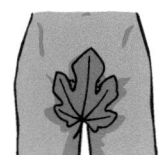

المهبل

vagin

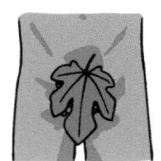

القضيب

penis

الحاجب

sprânceană

الشعر

păr

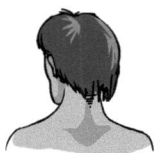

الرقبة

gât

المستشفى

spital

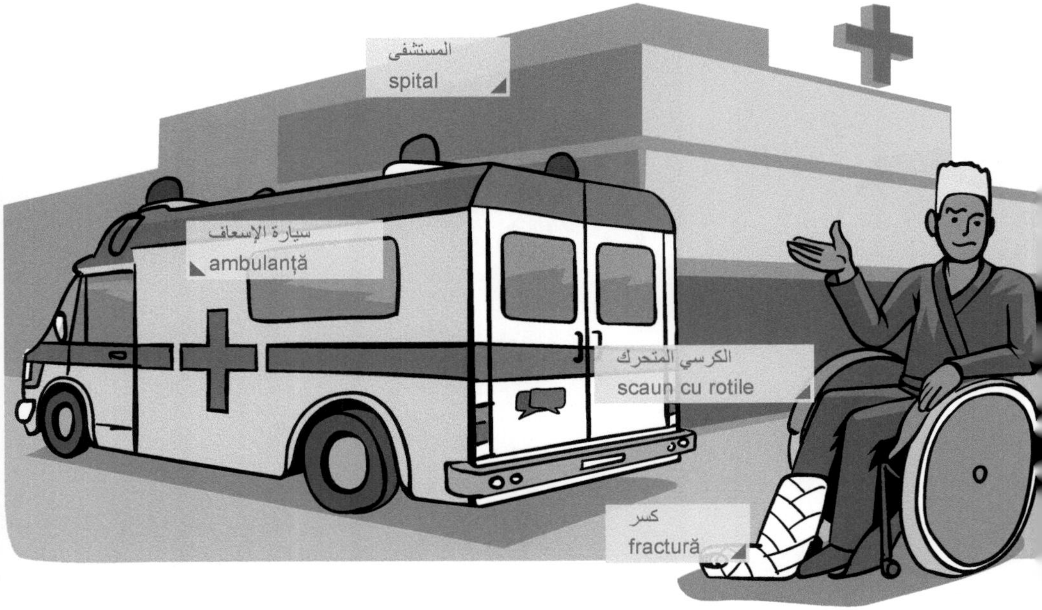

المستشفى
spital
سيارة الإسعاف
ambulanță
الكرسي المتحرك
scaun cu rotile
كسر
fractură

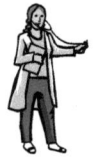

الطبيب

medic

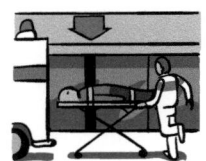

غرفة الإسعاف

unitate de primiri urgențe

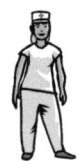

الممرضة

soră medicală

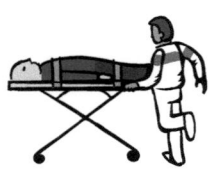

حالة

urgență

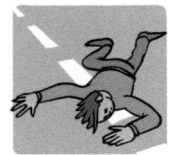

مغمى عليه

inconștient

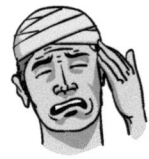

الألم

durere

إصابة

leziune

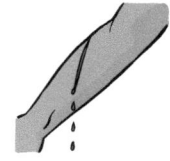

النزيف

sângerare

احتشاء القلب

infarct miocardic

جلْطة

atac cerebral

حسسية

alergie

السعال

tuse

الحُمّى

febră

إنفلونزا

gripă

الإسهال

diaree

وجع الرأس

durere de cap

السرطان

cancer

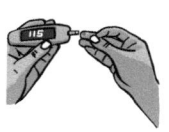

مرض السكر

diabet

جرّاح

chirurg

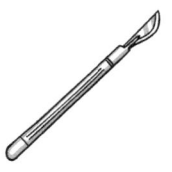

مبضع

scalpel

عملية

operație

سيتي سكان

CT

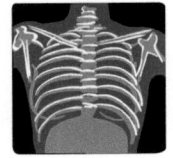

الأشعة السينية

raze Röntgen

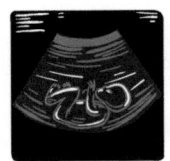

فوق الصوتي

ultrasunet

القناع

mască

المرض

boală

غرفة الانتظار

sală de așteptare

العُكّاز

cârjă

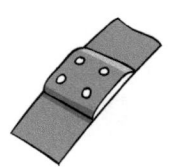

شريط لاصق

plasture

ضماد

bandaj

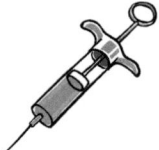

حقنة

injecție

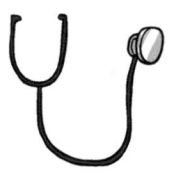

سمّاعة الطبيب

stetoscop

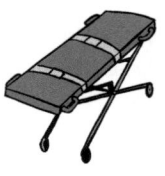

نقالة

targă

ميزان حرارة

termometru

ولادة

naștere

وزن زائد

supraponderabilitate

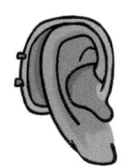

جهاز السمع

aparat auditiv

المواد المعقّمة

dezinfectant

عدوى

infecție

فيروس

virus

الإيدز

HIV/SIDA

الطب

medicină

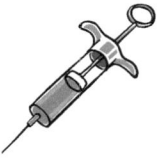

اللقاح

vaccin

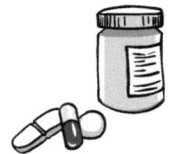

أقراص الدواء

tablete

حبّة الدواء

pastilă

نداء النجدة

apel de urgență

مقياس ضغط الدم

aparat de măsurare a
presiunii arteriale

مريض / صحيح

bolnav/sănătos

النجدة!

Ajutor!

إنذار

alarmă

اعتداء

agresiune

هجوم

atac

خطر

pericol

مخرج طوارئ

ieşire de urgenţă

حريق!

Foc!

جهاز الإطفاء

extinctor

حادث

accident

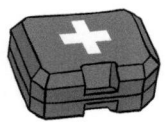

حقيبة الإسعاف الأولي

trusă de prim-ajutor

أنقذونا

SOS

الشرطة

poliţie

أوروبا

Europa

أمريكا الشمالية

America de Nord

أمريكا الجنوبية

America de Sud

أفريقيا

Africa

آسيا

Asia

أستراليا

Australia

المحيط الأطلسي

Altantic

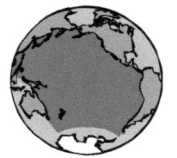

المحيط الهادي

Pacific

المحيط الهندي

Oceanul Indian

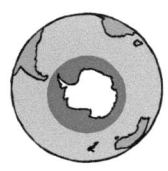

المحيط المتجمد الجنوبي

Oceanul Antarctic

المحيط المتجمد الشمالي

Oceanul Arctic

القطب الشمالي

Polul Nord

القطب الجنوبي
....
Polul Sud

منطقة القطب الجنوبي
....
Antarctica

أرض
....
pământ

بر
....
țară

بحر
....
mare

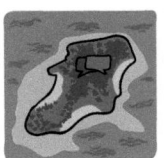

جزيرة
....
insulă

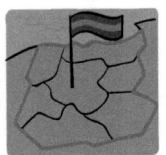

أمة
....
națiune

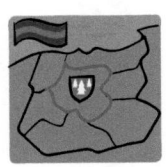

دولة
....
stat

ميناء الساعة

cadran

عقرب الساعات

orar

عقرب الدقائق

minutar

عقرب الثواني

secundar

كم الساعة الأن؟

Cât e ceasul?

يوم

zi

زمن

timp

الأن

acum

ساعة رقمية

cead digital

دقيقة

minut

ساعة

oră

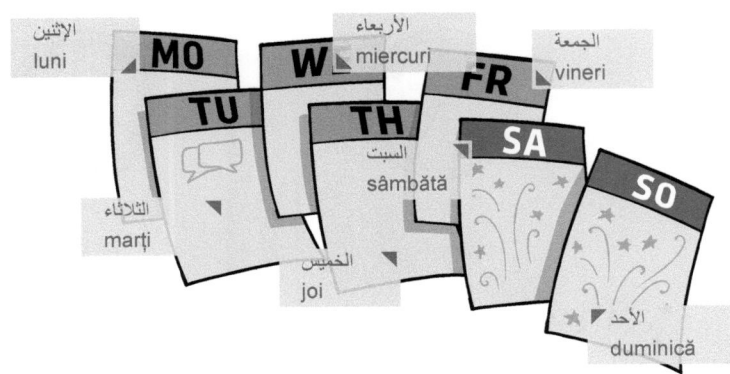

الإثنين
luni

الأربعاء
miercuri

الجمعة
vineri

الثلاثاء
marţi

الخميس
joi

السبت
sâmbătă

الأحد
duminică

الأمس
ieri

اليوم
azi

غداً
mâine

الصباح
dimineaţă

الظهر
amiază

المساء
seară

أيام العمل
zile lucrătoare

نهاية الأسبوع
week-end

مطر
ploaie

قوس قزح
curcubeu

ريح
vânt

ثلج
zăpadă

الربيع
primăvară

الصيف
vară

الخريف
toamnă

الشتاء
iarnă

4.APRIL	11°	☀
5.APRIL	4°	☁
6.APRIL	13°	⛅
7.APRIL	8°	❄
8.APRIL	10°	☀

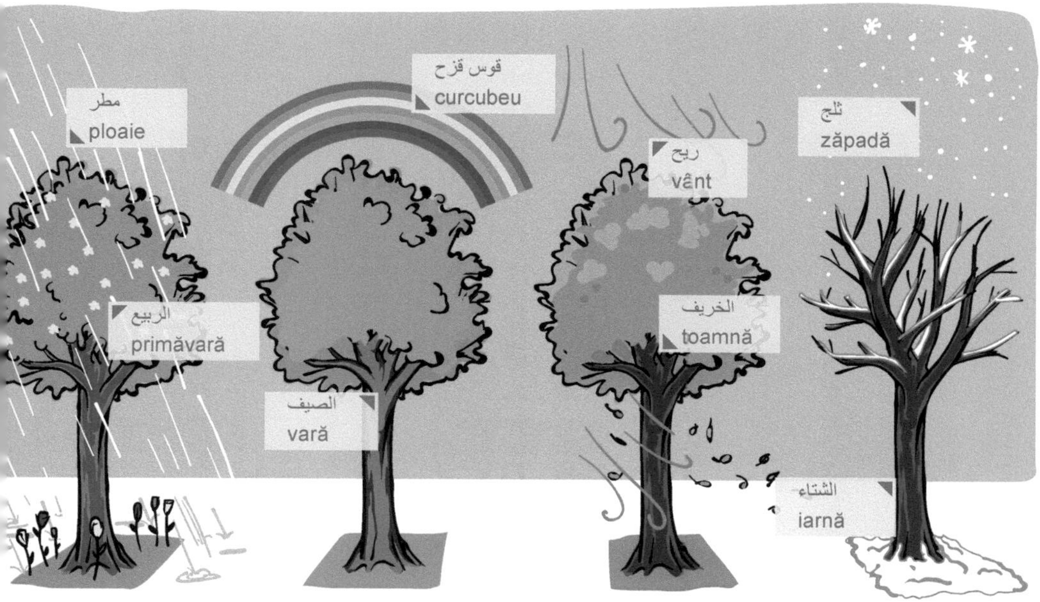

التنبّؤ بالحالة الجوية
....
prognoză meteo

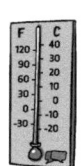

مقياس حرارة
....
termometru

ضوء الشمس
....
lumina soarelui

سحابة
....
nor

ضباب
....
ceață

رطوبة الجو
....
umiditate a aerului

برق
....
fulger

رعد
....
tunet

عاصفة
....
furtună

بَرَد
....
grindină

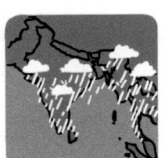

ريح موسمية
....
muson

طوفان
....
inundație

جليد
....
gheață

كانون الثاني / يناير
....
ianuarie

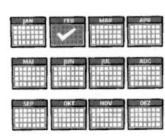

شباط / فبراير
....
februarie

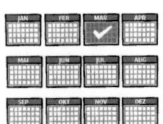

آذار / مارس
....
martie

نيسان / أبريل
....
aprilie

أيار / مايو
....
mai

حزيران / يونيو
....
iunie

تموز / يوليو
....
iulie

آب / أغسطس
....
august

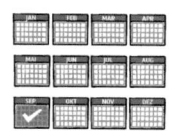

أيلول / سبتمبر
....
septembrie

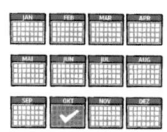

تشرين الأول / أكتوبر
....
octombrie

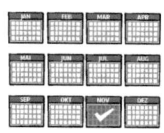

تشرين الثاني / نوفمبر
....
noiembrie

كانون الأول / ديسمبر
....
decembrie

أشكال

forme

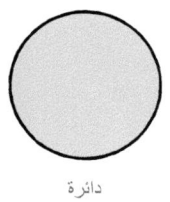

دائرة
....
cerc

مربّع
....
pătrat

مستطيل
....
dreptunghi

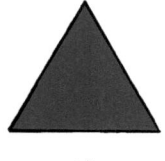

مثلّث
....
triunghi

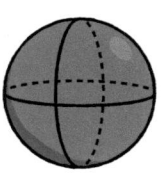

كرة
....
sferă

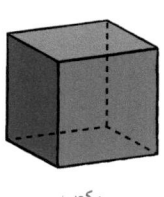

مكعب
....
cub

أبيض

alb

أصفر

galben

برتقالي

portocaliu

وردي

roz

أحمر

roşu

بنفسجي

violet

أزرق

albastru

أخضر

verde

بنّي

maro

رمادي

gri

أسود

negru

كثير / قليل

mult/puțin

غضبان / هادئ

furios/calm

جميل / قبيح

frumos/urât

بداية / نهاية

început/sfârșit

كبير / صغير

mare/mic

فاتح / قاتم

luminos/întunecat

أخ / أخت

frate/soră

نظيف / وسخ

curat/murdar

كامل / ناقص

complet/incomplet

نهار / ليل

zi/noapte

ميت / حيّ

mort/viu

عريض / ضيّق

lat/strâmt

صالح للأكل / غير صالح

comestibil/necomestibil

شرّير / لطيف

rău/prietenos

مثير / ممل

emoţionat/plictisit

سمين / نحيف

gras/slab

أولاً / أخيراً

primul/ultimul

صديق / عدو

prieten/inamic

مليء / فارغ

plin/gol

صلب / ليّن

tare/moale

ثقيل / خفيف

greu/uşor

جوع / عطش

foame/sete

مريض / صحيح

bolnav/sănătos

غير شرعي / شرعي

ilegal/legal

ذكي / غبي

inteligent/stupid

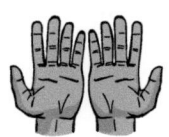

يسار / يمين

stânga/dreapta

قريب / بعيد

aproape/departe

جديد / مستعمل

nou/uzat

لا شيء / بعض الشيء

nimic/ceva

مسن / شاب

bătrân/tânăr

يشعل / يطفئ

pornit/oprit

مفتوح / مغلق

deschis/închis

خافت / عالٍ

încet/tare

غني / فقير

bogat/sărac

صح / خطأ

corect/fals

أحرش / أملس

aspru/neted

حزين / سعيد

trist/fericit

قصير / طويل

lung/scurt

بطيء / سريع

încet/repede

مبلول / جاف

ud/uscat

ساخن / بارد

cald/rece

حرب / سلم

război/pace

0	**1**	**2**
صفر	واحد	اثنان
zero	unu	doi
3	**4**	**5**
ثلاثة	أربعة	خمسة
trei	patru	cinci
6	**7**	**8**
ستة	سبعة	ثمانية
şase	şapte	opt
9	**10**	**11**
تسعة	عشرة	أحد عشر
nouă	zece	unsprezece

12

اثنا عشر
....
douăsprezece

13

ثلاثة عشر
....
treisprezece

14

أربعة عشر
....
paisprezece

15

خمسة عشر
....
cincisprezece

16

ستة عشر
....
șaisprezece

17

سبعة عشر
....
șaptesprezece

18

ثمانية عشر
....
optsprezece

19

تسعة عشر
....
nouăsprezece

20

عشرون
....
douăzeci

100

مائة
....
o sută

1.000

ألف
....
o mie

1.000.000

مليون
....
un milion

الإنكليزية

engleză

الإنكليزية الأمريكية

engleză americană

لغة ماندارين الصينية

chineza mandarină

الهندية

hindi

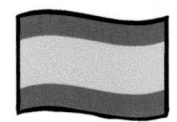

الإسبانية

spaniolă

الفرنسية

franceză

العربية

arabă

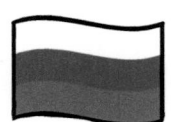

الروسية

rusă

البرتغالية

protugheză

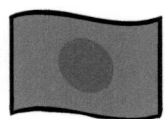

البنغالية

bengaleză

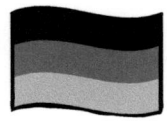

الألمانية

germană

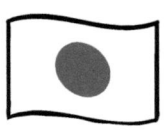

اليابانية

japoneză

أنا
....
eu

أنت
....
tu

هو / هي
....
el/ea

نحن
....
noi

أنتم
....
voi

هم
....
ea

من؟
....
cine?

ماذا؟
....
ce?

كيف؟
....
cum?

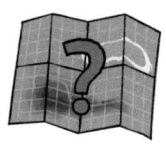

أين؟
....
unde?

متى؟
....
când?

اسم
....
nume

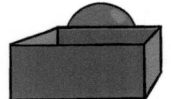

خلف

în spate

في

în

أمام

înainte

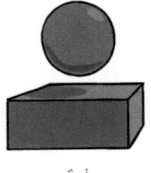

فوق

peste

على

pe

تحت

sub

جنب

lângă

بين

între

مكان

loc